WERNER EGK

Die Verlobung
in San Domingo

Oper
nach einer Novelle von Heinrich von Kleist

B. SCHOTT'S SÖHNE · MAINZ

Schott & Co. Ltd., London · B. Schott's Söhne (Editions Max Eschig), Paris

Schott Music Corp. (Associated Music Publishers Inc.), New York

Printed in Germany

In den Regieanweisungen wurde die Sprache der Novelle von Kleist beibehalten.

Personen der Handlung

Jeanne . . . . ein junges Mädchen
Babekan . . . . ihre Mutter, eine Mulattin
Hoango . . . . ein Neger
Nanky . . . . ein Negerknabe
Christoph von Ried . . . Offizier der französischen Armee
Gottfried von Ried . . . . sein Onkel, ein alter Kolonialoffizier
Französische Soldaten · Einige Schwarze

Ort:
Ein Pflanzerhaus im französischen Teil der Insel San Domingo

Zeit: 1803

Personen des Vorspiels und des Zwischenspiels
Herr Schwarz
Herr Weiß
Die Schatten von
Jeanne
Babekan
Hoango
Christoph von Ried

Zeit: Gegenwart

Vorspiel

Herr Schwarz | Herr Weiß | Die Schatten von Jeanne, Christoph von Ried, Babekan, Hoango

Querschnitt durch ein französisches Pflanzerhaus im französischen Teil von San Domingo. Ein Wohnraum, einige Stufen höher ein Schlafzimmer. Vom Vorplatz des Schlafzimmers aus führt eine Wendeltreppe zu einer noch höher liegenden Galerie. Unter dem Schlafzimmer ein niedriges, kleines Gewölbe, das durch ein Eisengitter nach draußen abgeschlossen werden kann. Die Einrichtung des Hauses besteht aus einer Mischung von Möbeln und Gegenständen im Eingeborenengeschmack und von solchen in erlesenem französischem Stil. Zu Beginn des Vorspiels sind die Räume des Hauses schwach und unwirklich beleuchtet, der Vordergrund der Bühne vor dem Haus hell und real. Im Haus befinden sich die Schatten von Jeanne und Christoph und von Babekan und Hoango. Sie erscheinen zunächst unbewegt und unbeteiligt, reagieren aber dann mehr und mehr auf die Reden des Herrn Schwarz und des Herrn Weiß. Diese beiden, ein Schwarzer und ein Weißer von heute, nehmen von den Figuren in ihrem Rücken keine Notiz.

Herr Schwarz und Herr Weiß
> Zu Port au Prince, im französischen Teil der Insel San Domingo, lebte zu Anfang des letzten Jahrhunderts,

Herr Weiß
> als die Schwarzen die Weißen ermordeten,

Herr Schwarz
> als sich die Schwarzen wie ein Mann gegen die weiße Tyrannei erhoben –

Herr Weiß
> *leidenschaftlich*
> Wie ein Mann! Lächerlich!
> Die Schwarzen haßten die Mulatten,
> die Mulatten die Mestizen,
> die Mestizen die Mulatten,
> die Mulatten die Schwarzen!

Herr Schwarz
> *leidenschaftlich*
> Die Holländer haßten die Franzosen,
> die Franzosen die Spanier,
> die Spanier die Franzosen,
> die Franzosen die Holländer!

Herr Weiß und Herr Schwarz
> *berichtend*
> Zu Port au Prince lebte zu Anfang des letzten Jahrhunderts auf der Pflanzung des Herrn Villeneuve –

Herr Weiß
> ein fürchterlicher alter Neger, namens Hoango,

Herr Schwarz	ein heldenhafter Afrikaner, namens Hoango,
Herr Weiß	die hinterlistige Mulattin Babekan,
Herr Schwarz	die heldenhafte Mulattin Babekan,
Herr Weiß	und ihre Tochter Jeanne, ein engelschönes, aber verderbtes Mädchen –
Herr Schwarz	*leidenschaftlich* und Jeanne, die durch ihre Heldentaten in den Befreiungskämpfen in die Geschichte einging.
Die Schatten	Sie sprechen über uns!
Herr Weiß	*leidenschaftlich* Heldentaten! Befreiungskämpfe! Ha!
	berichtend Hoango, Babekan und Jeanne waren von dem guten Herrn Villeneuve mit unendlichen Wohltaten überhäuft worden.
Herr Schwarz	Sie waren Tag und Nacht nur ausgebeutet und gepeinigt worden!
Herr Weiß	Weder die edlen Gesinnungen dieses Herrn,
Herr Schwarz	weder der Stock und der Ochsenziemer,
Herr Weiß	noch die sanfte Gewalt der Religion,
Herr Schwarz	noch die Bataillone des Generals Leclerc,
Herr Weiß	nichts konnte die Grausamkeit in der Seele dieser Menschen ersticken!
Herr Schwarz	nichts konnte die Freiheit in der Seele dieser Menschen ersticken!
Herr Schwarz und Herr Weiß	Nichts! Nichts!
Herr Weiß	*berichtend* Hoango war einer der ersten, der seinen Herrn auf einem Ameisenhaufen festband, dessen Weib und Töchter vergewaltigte und tötete ..
Hoangos Schatten	Das ist nicht wahr!
Herr Schwarz	*berichtend* der gerechtes Gericht hielt.

Hoangos Schatten	Auch das ist nicht wahr!
Herr Weiß	Nach dem Untergang der Familie Villeneuve zog Hoango mit Babekan und Jeanne in das Hauptgebäude der Siedlung, das einsam gelegen war.
Herr Schwarz	Während Hoango an den Befreiungskämpfen teilnahm,
Herr Weiß	*leidenschaftlich* an Mord und Raubzügen! *berichtend* fanden sich oft in dem einsamen Hause Flüchtlinge ein.
Herr Schwarz	*leidenschaftlich* Weiße Hunde, kreolische Halbhunde!
Herr Weiß	um dort Nahrung und Unterkommen zu suchen.
Herr Schwarz	*berichtend* Babekan und ihre heldenhafte Tochter –
Jeannes Schatten	Ich war keine Heldin, nein, keine Heldin!
Herr Schwarz	pflegten die Flüchtlinge hinzuhalten, bis zur Heimkehr Hoangos,
Herr Weiß	um sie dann gemeinsam mit dem alten Schurken zu ermorden!
Herr Schwarz	*leidenschaftlich* um sie zu richten!
Herr Weiß	Eines Nachts, als die Frauen allein waren, klopfte Christoph von Ried, Offizier der französischen Armee, an die Türe des Hauses.
Herr Schwarz	*berichtend* Er erzwang sich mit Waffengewalt Zugang zum Hause.
Die Schatten	Das ist nicht wahr!
Herr Weiß	Er nahm die Weiber für sich ein, indem er vorgab, Jeanne zu lieben.
Die Schatten von Christoph und Jeanne	Das ist nicht wahr!
Herr Schwarz	Er schlug die wehrlose Babekan und mißbrauchte ihre Tochter.

Die Schatten von Christoph, Jeanne und Babekan
Das ist nicht wahr!

Herr Weiß   Er verständigte seine in der Gegend lagernden Leute –

Jeannes Schatten   Ich war's, nicht er!

Herr Weiß   und ließ sie insgeheim ins Haus.

Herr Schwarz   *geschrien*
Blödsinn! Jeanne gelang es, ihn an Hoango auszuliefern!

Herr Weiß   *geschrien*
Blödsinn! Der heimkehrende Hoango lief in die Falle.

Die Schatten   Er lügt, er lügt!

Herr Schwarz   Blödsinn! Rieds Leute liefen in die Falle.

Die Schatten   Sie lügen! Sie lügen!

Herr Weiß   Hoango lief in die Falle!

Herr Schwarz   Rieds Leute, Rieds Leute!

Die Schatten   Sie lügen, sie lügen beide!

Herr Schwarz   Blödsinn!

Herr Weiß   Blödsinn!

Dunkel

Zwischenmusik

ERSTER AKT

Erste Szene

Christoph von Ried | Babekan | Jeanne | Nanky

Zwischenmusik Ende. Schwaches Licht. Im Haus ist zunächst niemand zu sehen. Stürmische und regnerische Nacht. Christoph von Ried, ein Offizier der französischen Armee, klopft und läutet an der Türe des einsamen Hauses. Babekan, welche schon im Bette lag, kommt, einen bloßen Rock um die Hüften geworfen, aus der Tiefe des Hauses in den Wohnraum und öffnet ein Fenster.

Christoph	Öffnet! Öffnet!
Babekan	Wer ist da?
Christoph	Beantwortet mir erst eine Frage! Seid Ihr eine Schwarze?
Babekan	Ihr seid gewiß ein Weißer! Fürchtet nichts! Ich bin Mulattin und die einz'ge, außer mir im Haus, ist meine Tochter. *Babekan schließt das Fenster*
Christoph	So öffnet!
Babekan	Geduld! Geduld! *Babekan schleicht mit einigen Kleidungsstücken, die sie eilig zusammengerafft hat, über die Treppe nach oben und weckt ihre Tochter, deren Kammer von der Galerie aus zu erreichen ist.* *Auf der Galerie, vor der Türe der Kammer, in der Jeanne schläft* Jeanne, Jeanne! Steh auf, zieh dich an!
Jeanne	*von drinnen* Was gibt's, Mutter?
Babekan	Arbeit für dich, ein Weißer ist vor der Tür!
Jeanne	*in der Tür* Ein Weißer! Und haben wir nichts zu fürchten?

Babekan	Er zittert vor Angst!
	Geschwinde! Geschwinde! Zeig ihm dein Lärvchen!

Während sich Jeanne in aller Eile schön macht, zündet Babekan eine große Laterne an, die irgendwo auf der Galerie steht. Dann gehen beide nach unten.

Während Christoph von Ried darauf wartet, eingelassen zu werden, versucht der Negerknabe Nanky, der aus seinem Gewölbe auftaucht, ungesehen an ihm vorbei und auf die andere Seite der Bühne zu kommen.

Christoph	*bemerkt ihn und hält ihn fest*
	Halt, Bursche!
	Wer wohnt hier?
Nanky	*flüstert Christoph nach einigem Sträuben etwas ins Ohr*
Christoph	Wie, ein Neger, namens Hoango?
	Ist er im Haus?
	Bleib stehn!

Nanky schickt sich an, das Weite zu suchen, als Jeanne, die Laterne in der Hand, aus dem Wohnraum vor das Haus tritt. Babekan lauert am Fenster.

Jeanne	Geschwind, hier herein!

Jeanne nimmt Christoph bei der Hand und versucht, ihn zur Türe zu ziehen. Dabei trägt sie Sorge, das Licht so zu stellen, daß der volle Strahl davon auf ihr Gesicht fällt.

Christoph	*von der Schönheit des Mädchens betroffen*
	Wer bist du?
	Wer wohnt hier?
Jeanne	Meine Mutter und ich, sonst niemand!
Christoph	Was, niemand?

Christoph reißt seine Hand mit einem Schritt nach rückwärts los

Hat mir dieser Junge nicht eben gesagt,
daß ein Neger darin sei?
Einer namens Hoango?

Jeanne	*stampft mit einem Ausdruck von Unwillen mit dem Fuß*
	Und ich sage dir nein!
	Abwesend ist er im Augenblick
	und Meilen von hier entfernt, der Bluthund!

Christoph	Wer ist der Junge hier?
Jeanne	Ein Bastard Hoangos, uns insgeheim verbündet! *zu Nanky* Verschwinde!
Christoph	Verschwinde! *Nanky verschwindet schnell*
Babekan	*an der Türe* Ei, ei, ein Offizier!
Jeanne	Kommt, kommt! Oder habt Ihr Angst vor mir? *Jeanne ergreift Christophs Hand und führt ihn in den Wohnraum zu ihrer Mutter.* Hier herein! Kommt hier herein!

Zweite Szene

Jeanne | Babekan | Christoph

Babekan	Was soll dieser Degen, Herr? Vergeltet Ihr Wohltat mit Verräterei?
Christoph	Behüte der Himmel! Ich bin nicht undankbar! *Christoph schnallt nach einigen im Zimmer schüchtern umhergeworfenen Blicken den Degen ab.*
Babekan	*schiebt ihm mit dem Fuß einen Stuhl zu* Wer seid Ihr?
Christoph	Christoph von Ried, Offizier der französischen Armee, doch kein Franzose.
Babekan	Und woher kommt Ihr?
Christoph	Von Fort Dauphin!
Babekan und Jeanne	Von Fort Dauphin!
Christoph	Alle Weißen sind dort ermordet!
Babekan und Jeanne	Oh, diese Grausamkeit! Gott und alle seine Heiligen haben Euch beschützt!
Babekan	Geh, Kind, bring dem Herrn zu essen! *Jeanne ab*
Christoph	Ich bin nicht allein, gute Alte, mein Oheim, meine Vettern, Kinder, Knechte, Mägde, ein Troß von zwölf Menschen lagert eine Meile von hier, bedeckt mit Schlamm und Kot,
Babekan	Oh, diese Grausamkeit!
Christoph	erschöpft,
Babekan	Oh, diese Grausamkeit!
Christoph	nach langen Nachtmärschen
Babekan	Oh, diese Grausamkeit!
Christoph	durch das in Empörung begriffene Mohrenland.

Babekan	Ei, mein Himmel! *nimmt eine Prise Tabak* Wo befindet sich denn im Augenblick Eure Gesellschaft?
Christoph	In der Wildnis am Weiher. Hunger und Durst zwangen uns zu dieser Zuflucht! Ich flehe Euch an, gebt mir für reichen Lohn und um Gottes Barmherzigkeit Brot für alle!
Babekan	Es ist nicht möglich, Herr! Jedes Brot, jeder Labetrunk, den wir ihnen geben, kann unser Tod sein!
Christoph	Wen fürchtet ihr?
Babekan	Den Neger Hoango, Besitzer dieses Hauses! Als »weiße und kreolische Hunde« sind wir mit Euch in der gleichen Verdammnis!
Christoph	Wo ist er jetzt?
Babekan	Vier Tagreisen von hier, auf einem Pulvertransport zu den Heerhaufen des Generals Dessalines.
Christoph	So gebt meinen Leuten Obdach für eine Nacht nur!
Babekan	Hoango hat uns Tag für Tag bedroht, geschlagen, beschimpft, mißhandelt für nichts! Er würde uns töten!
Christoph	So gebt meinen Leuten Brot!
Babekan	Unmöglich, Herr! *Christoph schickt sich an zu gehen* Halt, halt, junger Herr, vielleicht morgen!

Christoph	Vielleicht morgen!
Babekan	Ich könnte Nanky mit einem Schreiben von Euch und etwas Vorrat zum Weiher schicken.

Christoph küßt der Alten überschwenglich beide Hände
Ihr selbst aber solltet besser
noch eine Nacht oder zwei hierbleiben,
bis alles ruhiger ist.

Christoph	Der Himmel segne Euch!
Babekan	Ich tu's für meine Tochter, deren Vater so weiß war wie Ihr! Oh, diese rasende Erbitterung!
Christoph	Oh, diese Grausamkeit!
Babekan	Ist's nicht, als ob die Hände eines Körpers, die Zähne eines Mundes gegeneinander wüteten, da doch das eine Glied nicht so geschaffen ist wie das andere!
Christoph	Empfangen und geboren unter dem Himmel Europas, ist's mein Verdienst, daß der volle Tag jenes Weltteils von meinem Antlitz widerscheint?
Babekan	Empfangen und geboren unter dem Himmel dieser Insel hier, ist's meine Schuld, daß nur ein Schimmer von Licht auf meinem Antlitz widerscheint!

Christoph und Babekan
　　　Oh, diese rasende Erbitterung,
　　　grausam und unerhört!
　　　Dank dem Himmel,
　　　guten Menschen hat er $\begin{cases} \text{mich} \\ \text{Euch} \end{cases}$ zugeführt,

　　　die das Unrecht nicht teilen,
　　　das alle hier ergriffen hat
　　　wie eine Pest!

Jeanne kommt mit einem Mahl, das sie in der Küche bereitet hat, zurück.

Jeanne	*schäkernd, indem sie den Tisch deckt, mit einem Blick auf den Fremden*

Hat sich der Herr erholt von dem Schreck,
der ihn ergriff vor der Tür,
als er mich auf einmal vor sich sah
im Schein der Laterne?
Als er mich leibhaftig sah
unter den tausend Negern und Mohren,
von denen Tag und Nacht
seine Einbildung lebhaft erfüllt ist?
Hat er sich jetzt überzeugt,
daß weder Gift noch Dolch auf ihn warten
und daß der Neger Hoango
gar nicht zu Hause ist?

Babekan

Ein Gebrannter, mein Kind,
scheut nach dem Sprichwort das Feuer!
Der Herr wäre töricht gewesen,
ganz ohne Vorsicht in diesen Zeiten
ein fremdes Haus zu betreten!

Jeanne

Hätte dem Herrn
eine Dame aus Lyon oder aus Marseille eine,
oder eine aus Bordeaux, Grenoble oder Brest,
oder gar eine aus Paris die Tür geöffnet,
so eine geschnürte, so eine gepuderte,
kalkweiße Figur,
so eine in Samt, so eine in Seide,
so eine aufgeputzte, durchscheinende,
mit einem Gesicht wie aus Bein oder Email,
fast glaub ich, er hätte sie auch
für einen blutsäuferischen
Racheengel gehalten
so, wie mich!

Christoph

etwas verlegen, indem er den Arm sanft um ihren Leib schlingt
Im ungewissen Schein der Laterne
hab ich dein Gesicht nicht gesehn,
zum mindesten nicht so, wie jetzt!
Hätt ich's aber vermocht,
dir ins Auge zu sehn, so wie ich's jetzt kann,
dann hätte ich gern
aus einem vergifteten Becher trinken wollen
aus deiner Hand,
wär sie auch schwarz wie die Nacht!

Babekan nötigt den Fremden, sich zu setzen, worauf Jeanne sich neben ihm an der Tafel niederläßt und mit aufgestützten Armen, während er ißt, in sein Antlitz sieht.

Jeanne

kokett
Meine Hand ist aber hell,
fast wie die Eure!

Christoph

indem er zärtlich Jeannes Hand und die seine vergleicht
Ja, fast wie die meine!
Wie heißt du, mein Kind?

Jeanne

Ich heiße Jeanne, Jeanne Bertrand.

Christoph

Jeanne Bertrand!

Babekan

Ihr Vater war ein französischer Händler,
von den reichsten einer in Port au Prince!

Christoph

lächelnd
Dann bist du ja ein vornehmes Mädchen,
wirst einmal reich sein!

Babekan

mit kaum unterdrückter Empfindlichkeit
Schwerlich, schwerlich, junger Herr!
Ihr Vater hat uns abscheulich verraten.
Jeanne legt gedankenvoll den Kopf auf ihre Hand. Babekan, mit dem Ausdruck wilder und kalter Wut:
Hätt ich die Pest,
ich könnt sie ihm heute noch anküssen!

Christoph

betroffen, mit plötzlichem Mißtrauen
Was sagt Ihr da?

Babekan

Herr Bertrand hat die Vaterschaft zu seinem Kind
vor Gericht meineidig abgestritten!
Die Peitsche und ein Fieber
war mein Lohn!

Christoph

In dieser Welt ist sicher nichts Schlimmeres,
als verratenes Vertrauen!
Jeanne, wärst du wohl solcher Regung fähig?

Jeanne

Zu Euch, Herr, im Leben nicht!

Christoph

Und zu andern?

Jeanne	*verwirrt* Zu andern gewiß auch nicht! *Christoph tritt bei diesen Worten für einen Augenblick an das Fenster und sieht in die Nacht hinaus.*
Babekan	*leise zu Jeanne* Versage diesem Gimpel nichts heute nacht, bis auf das Letzte, das jede nur einmal hat. Wieg ihn in Sicherheit, sonst erwürg ich dich mit meinen Händen!
Jeanne	O Gott, Mutter, ich kenne das Gesetz!
Christoph	*Es scheint ihm plötzlich, als ob sich Mutter und Tochter einander hinter seinem Rücken ansähen. Obschon er auf keine Weise merkt, daß sie sich Winke zugeworfen oder sich verständigt hätten, überkommt ihn ein widerwärtiges und verdrießliches Gefühl. Er wendet sich um.* Weist mir mein Zimmer an, ich bin müde!
Babekan	Bei allen Heiligen, es ist schon Mitternacht! Kommt und folgt mir! Hierher, Herr! Hierher! *Babekan nimmt die Laterne und geht voran. Jeanne trägt den Überrock des Fremden und mehrere andere Sachen, die er abgelegt hat. Während Babekan, Christoph und Jeanne über die Stufen zum Schlafzimmer gehen, schlägt die Wanduhr Mitternacht.*

Dritte Szene

Christoph / Babekan / Jeanne

Babekan zeigt Christoph ein von Polstern bequem aufgestapeltes Bett. Christoph stellt den Degen in den Winkel und legt ein Paar Pistolen, die er im Gürtel getragen hat, auf den Tisch.

Babekan	Hier ist Euer Bett, junger Herr!
	Babekan entzündet einige Kerzen an der Laterne
	Du bringst dem Herrn noch einen Schlaftrunk, Jeanne!
Jeanne	Ja, Mutter.
Babekan	Und richtest ihm sein Lager!
Jeanne	Ja, Mutter.
	Jeanne geht mit einem Kerzenlicht nach unten und verschwindet in der Tiefe des Hauses.
Babekan	Und mich entschuldigt jetzt!
	mit einer tiefen Verbeugung
	Ich wünsch Euch eine gute, eine friedensvolle Nacht!
Christoph	Gute Nacht!
Babekan	Gute Nacht!
	Babekan geht mit der Laterne auf dem gleichen Weg, wie vorher Jeanne, nach unten ab.

Vierte Szene

Christoph

Christoph sieht sich im Zimmer um. Bei der Pracht und dem Geschmack, die
darin herrschen, legt sich ein Gefühl quälender Unruhe um sein Herz. Fernes,
näherziehendes Gewitter.

Christoph   Wo magst du sein in dieser schlimmen Nacht,
der bis vor kurzem noch Herr war über dies Haus?
Atmest du noch, hoffst du noch?
Hoffst du noch auf ein Schiff an der Küste,
ein Versteck in den Bergen,
von Mestizen, Mameluken, Mulatten gejagt,
wie der Fuchs von der Meute,
von der Sonne durchglüht in den Ebenen,
vom Regen durchschauert im Dschungel?
Oder hast du das Wort schon gehört,
das uns den Tod jetzt anzeigt:
»Halt, Weißer! Wohin?«
und liegst blutverschmiert
von Macheten zerfetzt am Wegrand,
den Himmel im starrenden Auge,
kalt und stumm für immer,
ohne Grab und Gedächtnis, irgendwo,
oder unter eigener Schwelle verscharrt
von den Eignen?
In diesen Mauern weht dein Atem noch,
mit Schaudern fühl ich's, wie eine Warnung,
dringender Ahnung voll! Ich fühl es,
dein Geist ist um mich, unerlöst, unruhig,
begierig, sich mir mitzuteilen!
Er warnt mich:
Hier wohnt der Tod.

Fünfte Szene

Christoph | Jeanne | Babekan

Jeanne kommt mit einem Kerzenlicht und einem Glas Wein durch den Wohnraum in Christophs Zimmer zurück. Christoph, der sich inzwischen in einen Zustand wachsender Angst und Beklemmung hineingesteigert hat, erschrickt bei ihrem plötzlichen Anblick.

Jeanne	Herr! Hier ist Euer Schlaftrunk.
Christoph	Was sagst du da? Schlaftrunk? Währt der Schlaf lang, den du mir bringst? Drückst du's in Stunden aus oder in einem Gebet?
Jeanne	O Gott, was sagt Ihr da!?
Christoph	Starb schon ein anderer in diesem Bett an einem Schlaftrunk? Kommst du als Todesengel unschuldig und unwissend oder gar wissend?
Jeanne	*weicht langsam vor Christoph zurück, der immer näher auf sie eindringt* O Gott, was sagt Ihr da?
Christoph	War nicht ein heuchlerisch' Einverständnis zwischen deiner Mutter und dir?
Jeanne	Nein, o Gott!
Christoph	Habt ihr euch heimlich angesehen, Zeichen getauscht hinter meinem Rücken?
Jeanne	O Gott, nein!
Christoph	Wem wollte sie die Pest anküssen, deine Mutter? Sind deine Augen, deine Lippen, Lockvögel zum Untergang? Sind die Geier schon über mir? Ist dies ein Mordhaus?
Jeanne	O Gott, ein Mordhaus!

Christoph	Stirbt der, dem du zulächelst?
	in höchster Erregung
	Ist dies ein Mordhaus?
Jeanne	Heilige Maria, Mutter Gottes,
	nimm mein Leben von mir,
	so jung ich bin!
Christoph	Hör auf zu beten
	und stirb statt meiner!
	Ich bin kein Gimpel,
	der euch ins Netz fliegt!
	Trink d u den Wein aus!

Donnerschlag. In der darauf folgenden Stille trinkt Jeanne mit einem festen Blick auf Christoph den Wein aus. Dann setzt sie das Glas ab und lächelt ihn mit einem erlösten Ausdruck an.

Jeanne	Seid Ihr zufrieden, mich lebend zu sehen,
	oder hättet Ihr mich lieber als eine Tote vor Euch?
	Jeanne beginnt Christoph das Lager zu bereiten
Christoph	Verzeih mir!
	Ein Lächeln von dir und alle Nachtgedanken
	weichen wie ein Heer schauerlicher Vögel von mir!
	Babekan schleicht durch den Wohnraum über die Stufen nach
	oben und schaut durch das Schlüsselloch in das Schlafzimmer.
	Verzeih mir!
	Nimm diesen Kuß als Zeichen der Versöhnung
	auf deine Stirn!

Er küßt sie zart. Babekan beobachtet befriedigt den Kuß und zieht sich händereibend wieder zurück. Jeanne richtet sich unter einem sonderbar plötzlichen Aufhorchen empor. Als sie glaubt, daß sie sich getäuscht hat, wendet sie sich mit einigem Ausdruck von Heiterkeit wieder zu dem Fremden zurück.

Sechste Szene

Jeanne | Christoph

Jeanne	*betreten* Nun? Was seht Ihr mich so aufmerksam an? *Christoph schweigt und betrachtet sie gedankenvoll.* *Jeanne sucht, indem sie sich mit ihrem Mieder beschäftigt,* *die Verlegenheit, die sie ergriffen, zu verbergen und lacht.* Wunderlicher Herr, was fällt Euch bei meinem Anblick so auf?
Christoph	*fährt sich mit der Hand über die Stirn* Eine Erinnerung, Kind, die mich ganz für dich einnimmt! *Jeanne bemerkt sichtbar, daß sich seine Heiterkeit zerstreut* *hat und nimmt Christoph freundlich und teilnehmend bei der* *Hand.*
Jeanne	An wen?
Christoph	An eine Freundin, die treueste Seele unter der Sonne. Die Umstände, unter denen ich sie verlor, werden mir wieder gegenwärtig, wenn ich dich anseh!
Jeanne	So lebt sie nicht mehr?
Christoph	Sie opferte ihr junges Leben zu meiner Rettung! *Christoph tritt an das Fenster, indem er das Mädchen los-* *läßt. Da sie seinen Schmerz wahrnimmt, überkommt sie,* *von manchen Seiten geweckt, ein menschliches Gefühl. Mit* *einer plötzlichen Bewegung folgt sie ihm und fällt ihm um den* *Hals.*

Jeanne	O Herr, mir ist, als müßt ich auslöschen, was ich war, um dem Bild ähnlich zu werden, das Ihr an meiner Statt seht!
Christoph	An deiner Statt?
Jeanne	Vergeßt, was Euch quält, und ich will vergessen, was ich war, was ich getan habe, alles, alles, und was ich noch tun wollte!

Mit einer plötzlichen Bewegung schlägt sie beide Hände vor ihren Mund, als wollte sie sich selbst verhindern, noch mehr zu sagen.

O Gott, was hab ich gesagt!

Christoph	Als ich dich ansah, wie du den Wein austrankst, von dem ich glaubte, daß er tödlich sei, war mir mit einem Male so, als hätt ich dich gekannt schon lange Zeit, eh ich geboren war!
Jeanne	Als ich den Wein trank, von dem du glaubtest, daß er tödlich sei, war mir genau wie dir, als hätt ich dich gekannt aus einer Zeit, in der nicht Stunden sind und keine Uhr und auch kein Glockenschlag, aus einer Zeit, die nur vergessen, nie vergangen war!
Christoph	Komm mit mir nach Frankreich, fort von hier,
Jeanne	Nimm mich mit nach Frankreich, fort von hier,
Christoph	Verlaß dies Land, vergiß den Krieg, verlaß dies Land mit mir!
Jeanne	Mit dir, mit dir!

reißt sich von Christoph plötzlich los und lauscht

Was war das, Christoph?

Christoph	Hier im Haus?
Jeanne	Nein, draußen!
Christoph	*öffnet das Fenster. das Geräusch eines heftigen Regengusses rauscht auf. Christoph schließt das Fenster, lächelt Jeanne an.* Der Regen, Jeanne, sonst nichts!
Jeanne	*erlöst* Der Regen!

Christoph geht langsam auf Jeanne zu, die die Arme ausbreitet.

Dunkel

Zwischenmusik

Siebte Szene

Christoph | Nanky

In der Morgenfrühe. Christoph verabschiedet sich zärtlich von Jeanne, die über die Treppe in ihre Kammer hinaufgeht. Dann bringt er das zerwühlte Bett einigermaßen in Ordnung, schreibt einige Zeilen, steckt das Papier zu sich, zieht seinen Überrock an, nimmt seine Pistolen und verläßt das Haus auf dem Weg, auf dem er es betreten hat. Im Freien sieht er sich um und entfernt sich. Nanky, der ihn beobachtet hat, kriecht aus seinem Gewölbe und folgt ihm ungesehen.

Achte Szene

Babekan / Jeanne

Babekan erscheint im Wohnraum und macht sich dort zu schaffen. Jeanne
kommt aus ihrer Kammer und geht langsam und zögernd nach unten. Auf dem
Vorplatz zum Schlafzimmer verhält sie lauschend. Nachdem sie nichts hört,
geht sie weiter zum Wohnraum. Bevor sie ihn betritt, versucht sie, die Spuren
der Tränen zu verwischen, die sie geweint hat.

Babekan	Komm her, mein Täubchen!
	Höre meinen Plan an, Täubchen!
	Komm her zu mir und höre den Plan an,
	den ich jetzt habe
	für den Fremden und seine Gesellschaft.
	Er muß hierbleiben um jeden Preis,
	bis Hoango zurückkommt.
	Aber die andern dürfen mir nicht vorher ins Haus,
	sonst sind mir zu viele hier.
	Die Sippe versorgen wir jetzt am Weiher
	und locken sie erst in die Falle,
	wenn's mit ihm schon vorbei ist.
	Jetzt belügst du ihn weiter
	mit Haut und Haar und Zunge
	und wie du nur kannst,
	damit er tut, was wir sagen.
Jeanne	Mutter, mit ihm ist's nicht das gleiche
	wie mit den andern!
Babekan	Wie? Nicht das gleiche?
Jeanne	Alle andern waren bis zu ihrem Ende
	furchtsam und tückisch!
	Er aber glaubt an mich!
Babekan	Um so besser für uns!
	Er soll an dich glauben und immer an dich denken,
	solang er noch Atem hat!
	Und nachts, wenn er wach liegt,
	soll er nur dich fühlen, schmecken, riechen
	und nicht den Tod!

Jeanne	Laß den blutigen Anschlag,
	sonst geh' ich zu ihm
	und zeig' ihm dies schlimme Dach an
	als Schlachthof und Mordhaus!
Babekan	*indem sie die Arme in die Seiten stemmt und Jeanne mit*
	großen Augen ansieht
	Jeanne, Jeanne!
Jeanne	Was hat er dir getan, was mir?
	Wer sagt, wer beweist,
	daß er das Unrecht teilt,
	das die Pflanzer bei uns verübt haben?
Babekan	Ich staune, Kind! Ich staune!
	Was hat der junge Portugiese verschuldet,
	der im Hof gefallen ist?
	Was die beiden Holländer,
	die unterm Torweg gestorben sind?
	Und was denn die drei Franzosen und
	was nur so viele andere,
	die mit deiner Hilfe angelockt
	und hingerichtet wurden unterm Torweg
	oder sonstwo ums Haus?
Jeanne	Was ich auch tat, tat ich als Kind
	unter deinem Gebot!
	Jetzt aber schwör ich dir:
	Eher sterb ich einen zehnfachen Tod,
	als daß ich jemals zugebe,
	daß diesem Menschen unter unserm Dach
	auch nur ein Haar gekrümmt wird!
Babekan	Und ich, ich schwöre dir:
	Bald kommt Hoango über ihn
	und er wird sterben, wie die andern auch,
Jeanne	Das˜geb ich nicht zu, Mutter!
Babekan	den Himmel und Staunen im Blick,
	so wie ein Ochse, verloren im Frühlicht!
Jeanne	Niemals, niemals, Mutter!
Babekan	Wir sind im Krieg!
	Lies, was hier steht!
	zeigt auf einen Anschlag, der an der Wand hängt

Jeanne	Was dort steht, das weiß ich, auch ohne hinzusehn: »Dies Mandat verwehrt allen ohne Unterschied
Babekan	ohne Unterschied
Jeanne	einem Weißen, sei es Mann, Weib oder Kind,
Babekan	Weib oder Kind,
Jeanne	schützendes Obdach zu geben bei Todesstrafe,
Babekan	bei Todesstrafe,
Jeanne	von jedem der Unsern vollstreckbar auch ohne Gericht!«
Babekan	auch ohne Gericht!
Jeanne	Ich weiß es und weiß, daß es Gesetz ist und mißacht es doch! Sieh nur her, wie ich's von der Wand reiße, dies Papier, und wie ich's mit Füßen trete, weil es Unmenschliches fordert von mir und von allen! *Sie reißt das Mandat von der Wand, tritt es mit Füßen.*
Babekan	*außer sich* Heb das Papier auf! *versucht Jeanne zu Boden zu zwingen*
Jeanne	Nein!
Babekan	Heb das Papier auf, sag ich!
Jeanne	Nein, ich tu's nicht!
Babekan	Ein letztes Mal: Heb das Papier auf! *zwingt Jeanne in die Knie*
Jeanne	Nein! Ich tu's nicht!
Babekan	*läßt Jeanne mit einem plötzlichen Ausdruck von Nachgiebigkeit los* Nun gut, laß es liegen und laß den Fremden reisen! Verantworte dein Mitleid vor Hoango.
Jeanne	Das tu ich, Mutter.

Babekan	Ich sehe nicht mehr hin, sei sicher will auch nicht mehr wissen und niemals gewußt haben, was du tun willst!

Babekan, deren Ingrimm trotz der scheinbaren Milde ihrer Worte heimlich hervorbricht, geht zum Speiseschrank und macht sich dort zu schaffen. Sie gießt Milch in einen Topf. Jeanne beobachtet sie mißtrauisch, ohne zu erkennen, daß Babekan der Milch etwas beimischt.

Jeanne	*leise*

Ich kann nicht glauben,
daß ihr Haß
ungesättigt ein Opfer ausläßt!
Wenn ich nur wüßte,
was sie umtreibt!

Jeanne wird von einem unerklärlichen Schrecken erfaßt. Sie fällt der Mutter zu Füßen und umklammert ihre Knie, gleichsam, als ob sie das Unrecht, was sie begangen, einsähe.

Mutter,
verzeih mir die unbedachte Mißachtung
von allem, was heilig ist!
Sieh her,
wie ich's wieder anbringe
am alten Platz!

Jeanne glättet mit fliegenden Händen das Papier und heftet es wieder an die Wand.

Vergib, Mutter, und vergiß!

Babekan	*nach einer Pause, in der sie das Mädchen unverwandt betrachtet*

Nun gut. Ich will vergeben und vergessen.

Babekan nimmt den Topf mit Milch und gießt ihn aus dem Fenster.

Jeanne	Was tust du da?

Babekan	Vergiften wollt ich ihn! Doch jetzt, richte ihn Hoango!

Jeanne	*die ihren Sinnen nicht traut, starrt, von Entsetzen ergriffen, die Mutter an.* *beiseite*

O Gott, wie hatt' ich Unrecht!

Babekan Was hat dich nur in einer Nacht
so seltsam verwandelt?
Warst du zu lang bei ihm?

Jeanne scheint diese Fragen nicht zu hören. Die Augen zu Boden gerichtet, hält sie mit beiden Händen den Kopf. Babekan kopfschüttelnd ab.

Jeanne Ich war in einem Traum
gegen den Morgen.
Da schien mir Festland Meer,
und Meer wie Festland,
bekränzte Tote sah ich,
und ein Schiff als Wagen,
froh bestattet Lebende
und als Wolke einen Berg.
Mit Schlangen heiter gegürtet,
fand ich mich selig
inmitten des Aufruhrs —
bekränzt mit Skorpionen,
als ob's Blumen wären,
fand ich mich selig
inmitten des Aufruhrs
von Erde, Wasser, Luft und Feuer,
entrückt, zu glücklich
für alles, was hier ist!
Neu lernen muß ich erst
nach diesem Traumbild,
daß Tag Tag
und Nacht Nacht heißt,
daß sich nie begegnet
Morgen und Abend
und daß keine Straße ist
zwischen Sonne und Mond,
sondern bitter getrennt
alles, was eins war.

Neunte Szene

Jeanne / Christoph / Babekan / Nanky

Christoph kommt zurück und erwischt vor dem Haus eben **noch** Nanky, der
sich ungesehen wieder in sein Gewölbe verkriechen will. Babekan betritt den
Wohnraum.

Christoph	Halt, Bursche!
	Bring diesen Brief zu meinen Leuten
	an den Weiher!
	Aber schnell!
	Nanky schüttelt ängstlich den Kopf
	Wie? Du darfst nicht?
	Christoph stößt Nanky ärgerlich weg
	So geh zum Teufel!
	Nanky verkriecht sich, Christoph geht rasch in den Wohn-raum. Bei seinem Anblick schlägt Babekan mit allen An-zeichen des hellen Entsetzens die Hände über dem Kopf zu-sammen. Jeanne versucht, unbeteiligt zu erscheinen.
Babekan	Bei allen Heiligen! Wo kommt Ihr her?
Christoph	Ich wollte zum Weiher in aller Frühe,
	die Meinen herzuführen,
	und fand den Weg nicht.
Babekan	*scharf*
	Ich muß Euch schon bitten, Herr,
	das Haus nicht zu verlassen
	ohne mein Wissen!
	Alle Wege sind unsicher
	durch streifende Negertrupps!
	Die ganze Nacht
	brannten die Feuer des Generals Dessalines
	auf allen Bergen!
Christoph	Dessalines?
Babekan	Fragt nicht, später erklär ich Euch alles.
Christoph	Ich bin unruhig,
	so von den Meinen getrennt,
	und bitte Euch dringend:
	Schickt ihnen diesen Brief!

Babekan	*greift gierig nach dem Papier, das Christoph aus der Tasche gezogen hat.*

Laßt sehn!

Sie liest

> »Freunde der Weißen haben mich aufgenommen
> und so bin ich sicher. Vertraut dem Boten,
> der diesen Brief überbringt! Hört auf ihn
> und folgt ihm ohne Argwohn! Christoph.«

nachdenklich

Der Brief ist gut, sehr gut sogar!

versteckt den Brief im Schrank

Ich werde ihn hinsenden, aber nicht heute!

Nanky kriecht aus seinem Gewölbe, geht zur Türe und horcht

Christoph	Für heute habt Ihr's versprochen!
Babekan	Und heute ist alles verändert! Dies Haus, allen offen, gewährt noch weniger Sicherheit für so viele als gestern noch!
Christoph	So schickt ihnen Brot fürs erste!
Babekan	Nun gut!

Babekan klopft mit ihrem Stock dreimal auf den Fußboden. Nanky tritt ein.

Nimm einen Korb mit Brot, Nanky,
bring ihn den Leuten am Weiher!
Der Herr sei sicher im Haus, sagst du,
sie aber müßten zur eignen Sicherheit
vorerst bleiben, wo sie jetzt sind,
und schriftliche Botschaft von ihm abwarten!
Hast du verstanden?

Bejahende Gebärde Nankys, der im Innern des Hauses verschwindet.

Schließ die Läden, Jeanne!

Jeanne schickt sich an, die Läden zu verschließen. Babekan zündet, um die Nacht zu zerstreuen, die dadurch im Zimmer herrschend wird, nicht ohne Mühseligkeit, indem der Zunder nicht fangen will, ein Licht an. Christoph benutzt diesen Augenblick, um seinen Arm sanft um Jeanne zu legen und ihr zuzuflüstern

Christoph	Soll ich nicht jetzt mit deiner Mutter sprechen?

Jeanne	*hastig und leise* Nicht jetzt, mit keinem Wort, wenn du mich liebst!
Babekan	Schließ die Läden, Jeanne!
Christoph	*zu Babekan, welche einen mißtrauischen Blick auf die beiden wirft* Ich danke Euch für Eure Hilfe!
Babekan	Dankt nicht zu früh! Ihr seid noch nicht gerettet und nicht mehr so sicher wie gestern, auch hier im Hause nicht! Am besten schließt Ihr Euch ein untertags in der Dachkammer.
Christoph	Was habt Ihr für Nachrichten?
Babekan	Fragt nicht, kommt! *Beide gehen nach oben, über die Galerie, an Jeannes Kammer vorbei, ab.*

Zehnte Szene

Jeanne / Nanky

Kaum ist Jeanne allein, sucht sie fieberhaft nach dem Brief, den Babekan Christoph aus der Hand genommen, gelesen und dann in den Schrank gelegt hat. Endlich findet sie ihn und verschwindet, den Brief in der Hand, im Innern des Hauses. Gleichzeitig verläßt Nanky das Haus durch einen rückwärtigen Ausgang und geht außerhalb des Gebäudes mit einem großen Korb auf dem Kopf nach vorne, um sich an der Vorderfront des Hauses entlang auf den Weg zum Weiher zu machen. Nachdem Jeanne den Knaben nicht mehr im Hause finden kann, folgt sie ihm auf dem Weg, den er genommen hat, und holt ihn vor dem Hause ein.

Elfte Szene

Jeanne / Nanky

Jeanne Halt, Nanky, halt!
Die Mutter hat ihre Pläne geändert!
Du mußt den Leuten am Weiher
auch diesen Brief bringen
und ihnen sagen:
Alle Kranken, Frauen und Kinder
müßten vorerst noch bleiben, wo sie jetzt sind,
aber die Männer müssen mit dir kommen,
und du führst sie abends mit großer Vorsicht hierher
und läßt sie um Mitternacht
durch die Pforte ins Haus.
Hast du verstanden?
Nanky nickt heftig und tritt ab.
Viel Glück, Nanky, viel Glück!

Zwölfte Szene

Jeanne

Jeanne betet inbrünstig.

Jeanne Verzeih mir, barmherzige Jungfrau,
was ich früher getan habe zum Schlechten,
und bewirke du durch deine Gnade,
daß alles gut wird,
und hilf mir, daß ich ihn retten kann,
den ich liebe, dem ich gehöre
und der mich fortnehmen will von hier!
Und gib mir auch die Kraft,
daß ich ihm alles sagen kann,
was ich getan habe,
und ich will ihm den Namen eines jeden sagen,
der durch meine Hilfe gestorben ist,
und wenn ich die Namen nicht mehr weiß,
will ich ihm sagen, wie sie aussahen
im Leben und nachher,
und will ihre Gesichter beschreiben,
und wie sie gestorben sind,
und will nichts verschweigen,
was mich irgend angeht.
Und ich schwöre dir, heilige Jungfrau,
daß ich nicht aus Scham oder Furcht
die arge Absicht verbergen will,
die ich gestern noch gehabt habe gegen ihn,
was mich's auch kosten soll,
und auf jede Gefahr für mein Herz,
auf daß keine Lüge mehr sei zwischen uns!
So hilf mir, o heilige Jungfrau
und bewirke, daß er in meinen Augen lesen kann
und daß er mir verzeiht,
den ich liebe,
dem ich gehöre für immer!
Hilf mir, hilf mir, hilf!

rascher Vorhang

ZWEITER AKT

Erste Szene

Christoph

Nacht, Mondschein. Christoph liegt auf seinem Lager.

Christoph	Wenn ich wach bin, denk ich nur an dich, und wenn ich schlafe, träum ich nur von dir! Ach, ein einzig Leben hab ich nur für dich, für dich allein. Und vergeß ich dich jemals, so werden am gleichen Tag die Flüsse vertrocknen und die Steine blüh'n!

Zweite Szene

Jeanne / Christoph

Christoph schläft auf seinem Lager ein. Jeanne kommt aus ihrer Kammer und geht langsam, ohne Licht, über den schmalen Gang zum Schlafzimmer hinunter. Sie öffnet leise das Zimmer.

Jeanne	*an der Türe, leise* Christoph! Christoph!
Christoph	*bewegt sich im Schlaf* Jeanne . . .
Jeanne	Was sagst du? Was flüsterst du?
Christoph	*im Schlaf* Jeanne! Jeanne . . .

Jeanne	O Gott, meinen Namen flüstert er im Schlaf!
	Ich bring's nicht über's Herz, dich aufzuwecken,
	Liebster, zur grausamen Wirklichkeit!
	Sie geht langsam zu seinem Bett
	Und was ich dir sagen muß,
	das sag ich dir, wenn du erwachst!
	Sie kniet nieder und bedeckt seine Hand mit Küssen
	Ja, dann sag ich dir alles!

Dritte Szene

Jeanne | Christoph | Babekan | Hoango

Babekan führt den bis an die Zähne bewaffneten Hoango, der einige seiner Leute als Wachen postiert, ins Haus.

Hoango	*leise*
	Wo ist er jetzt?
Babekan	Oben.
Hoango	Seine Waffen?
Babekan	Hier!
	Babekan öffnet, höhnisch auflachend, eine Lade und deutet triumphierend auf Christophs Waffen. Hoango wirft einen Blick darauf und stößt die Lade mit dem Fuß wieder zu. Während des folgenden Dialogs legt er in aller Ruhe Gewehr, Rock, Pistolen und Stiefel ab.
Hoango	Ist er allein?
Babekan	Vielleicht mit Jeanne!
Hoango	Gut.
Babekan	Nichts ist gut!
	Ich trau ihr nicht mehr!
Hoango	Wie?
Babekan	Auffallende Reden hat sie geführt!
Hoango	Reden! Laß sie doch reden!

Jeanne   *immer noch an Christophs Bett, hört ein Geräusch*
Um's Himmels willen! Was war das?

*Während Hoango spricht, stürzt Jeanne, sorgfältig den Mond-
schein vermeidend, der sie zu verraten droht, hinter die Vor-
hänge eines Fensters und späht nach draußen. Nachdem sie
dort nichts Beunruhigendes erkennen kann, schleicht sie zur
Türe, die auf den Vorplatz des Schlafzimmers führt, öffnet
sie etwas und lauscht.*

Hoango   Sie hat uns immer noch geholfen,
jedem weißen Laffen ihr Lärvchen gezeigt
und jeden geküßt, geködert und gelockt
und uns zugetrieben und verdorben,

Babekan   Ich trau ihr nicht mehr!

Hoango   ganz auf die Art,
wie wir sie angelernt haben!

Jeanne   O Gott! Hoango!
*Sie schließt rasch die Türe und steht, gelähmt an allen Gliedern,
als ob sie ein Wetterstrahl getroffen hätte, da.*

Babekan   Wir sind in Gefahr!
Sie hat das Mandat von der Wand gerissen!

Hoango   Das Mandat?

Jeanne   Flucht ist unmöglich! Hoango!
Ich darf ihn nicht wecken, sonst läuft er dem Tod
in die Arme!
*In ihrer unaussprechlichen Angst fällt ihr ein Strick in die
Augen, der an einem Haken an der Wand hängt. Sie reißt ihn
herab.*

Hoango   Ach was! Manche
haben unsinnige Launen,

Babekan   Wir sind in Gefahr!

Hoango   nur Launen!

Jeanne   Ich will ihn zum Schein anbinden,
um ihn zu retten!
Vor sich selbst muß ich ihn schützen
und mich vor Babekans Verdacht!
*Jeanne umschlingt Christoph mit dem Strick, vielfache Knoten
schürzend, an Händen und Füßen. Ohne darauf zu achten, daß
er sich im Schlaf rührt und sträubt, zieht sie die Enden an
und bindet sie an dem Gestell des Bettes fest.*

Hoango	Der hat den Fuß schon längst im Eisen, der trägt die Schlinge um den Hals, so oder so! Und ob die Dirne auf einer Schulter Wasser trägt oder auf zweien, das werden wir sehn!
Babekan	Du bist gewarnt! Er aber auch – wir werden sehn!
Christoph	*erwacht* Was tust du, Jeanne?
Jeanne	Dich retten, Liebster! versteh mich!

Jeanne drückt einen Kuß auf Christophs Lippen, reißt die Türe zum Vorplatz auf und stellt sich mit ausgebreiteten Armen Hoango entgegen, der, gefolgt von Babekan, eben die Stufen zum Vorplatz hinaufsteigt.

Vierte Szene

Christoph / Jeanne / Hoango / Babekan

Babekan	Sieh sie dir an! Er ist entwischt!
Hoango	Entwischt? Entwischt? *Hoango packt Jeanne bei der Brust und stößt sie vor sich her ins Zimmer.*
Jeanne	Seid Ihr rasend? *Sie stößt Hoango zurück, der bei dem sich ihm bietenden Anblick erstarrt.* Hier liegt der Fremde, von eurer Jeanne festgebunden an seinem Bett, während er schlief!

Christoph	*versucht unter krampfhaften Anstrengungen sich loszuwinden* Jeanne, was hast du getan?
Babekan	*während sie verlegen die Stricke untersucht, mit welchen* *Christoph gebunden ist* Warum hast du ihn gebunden?
Jeanne	*weinend vor Schmerz und Wut, plötzlich zu der Mutter* *gekehrt* Weil du keine Augen und Ohren hast,
Babekan	Keine Augen und Ohren!
Jeanne	weil er die Gefahr begriff,
Babekan	Wie?
Jeanne	weil er entflieh'n wollte,
Babekan	Entflieh'n!
Jeanne	weil er mich bat, ihm dazu zu helfen, weil er einen Anschlag plante auf dein Leben und weil er ihn noch vor Mitternacht ausgeführt hätte! *Babekan beruhigt und liebkost die schluchzende Jeanne.*
Babekan	Sei ruhig, Kind, ich glaub dir ja! Schon gut, schon gut, mein Kind! *Bei diesen Worten geht Hoango in einen Winkel des Zimmers,* *in dem ihn Christoph nicht sehen kann, und macht Anstalten,* *den Dolch aus dem Gürtel zu ziehen. Babekan erkennt, was* *er vorhat, läßt Jeanne stehen, läuft schnell zu Hoango, packt* *ihn heftig am Arm und flüstert ihm zu* Halt, um's Himmels willen! Seine Leute sind draußen am Weiher. Er muß eine Einladung aufsetzen, bevor er hingerichtet wird, eine Einladung, welche die Seinen hierher lockt! Im Wald sind sie gefährlich, hier aber nicht!
Hoango	Du hast recht, aber für heute ist es zu spät, noch zum Weiher zu geh'n! *Hoango geht zum Bett und untersucht sorgfältig die Stricke,* *mit denen Christoph gebunden ist. Er findet sie zu locker und* *zieht sie gemeinsam mit Babekan mit aller Gewalt so eng* *zusammen, als es irgend möglich ist.*

Hoango und Babekan
> So wie dem Ochsen,
> den man mit einem Strick
> an einen Pfahl gebunden hat,
> nichts anderes übrigbleibt,
> als zu warten, was kommen mag
> und was ihm geschieht,
> so mußt auch du jetzt
> ganz ruhig warten und zusehn,
> was kommen mag
> und was dir geschieht!

Jeanne   O grausames Schicksal, weh uns allen, weh uns allen!

Babekan   Komm mit uns!

Hoango   Komm mit uns!

Christoph   Jeanne, Jeanne!

Babekan   Komm jetzt!

Hoango   Komm!

Jeanne, Babekan und Hoango gehen durch den Wohnraum über die Wendeltreppe nach oben ab und verschwinden.

Babekan und Hoango
> *im Abgehen*
> So bleibt auch ihm jetzt nichts andres
> als zu warten, was ihm bestimmt ist,
> und was ihm geschieht.

Jeanne erscheint allein auf der Galerie und hört entsetzt und verzweifelt Christophs Aufschreien.

Christoph
> Die Augen eines Engels
> sah'n mich an aus einer Dirne,
> die mein Hochzeitslager
> verräterisch verwandelt
> in mein Totenbett!

Das Haus wird dunkel

Zwischenspiel

Herr Schwarz | Herr Weiß | Die Schatten von Jeanne, Christoph, Babekan und Hoango

Gleiches Bild wie beim Vorspiel zu Anfang der Oper. Herr Schwarz und Herr Weiß treten rasch in dem hell erleuchteten Vordergrund der Bühne auf.

Herr Schwarz und Herr Weiß
>   Nach langer Zeit
> ist es oft schwierig zu erkennen
> und manchmal ganz unmöglich
> zu wissen, was geschehn ist.
> So kann auch keiner von uns
> von sich sagen,
> er habe selbst gesehn und gehört,
> was sich zutrug vor mehr als hundert Jahren
> zu Port au Prince auf San Domingo.
> Doch zum Glück bleibt uns
> als Quelle der Erkenntnis,
> was überliefert ist von unsern Vätern
> und geheiligt
> durch unsere vaterländische Geschichte!

Die Schatten   Sie reden wieder und sie lügen wieder!

Herr Schwarz und Herr Weiß
>   Zum Glück ist alles,
> was ich gesagt habe
> über Jeanne und die andern,

Die Schatten   Sie reden wieder über uns.

Herr Schwarz und Herr Weiß
>   verbürgt und geht zurück
> auf unsern großen General

Herr Schwarz   Dessalines!

Herr Weiß   Leclerc!

Herr Schwarz   Auf wen?

Herr Weiß   Auf wen?

Herr Schwarz   Auf Dessalines!

Herr Weiß	Auf Leclerc!
Herr Schwarz	Leclerc war ein Ladestock, seine Armee eine Brutstätte der Dummheit!
Herr Weiß	Dessalines war ein schwarzes, mit Warzen bedecktes Schwein!
Herr Schwarz	Zur Sache!
Herr Weiß	Zur Sache!
Herr Schwarz	Meine Geschichte ist wahr!
Herr Weiß	Meine Geschichte ist wahr!
Herr Schwarz	Es gibt auch Leute, die lügen, wenn man sie bezahlt!
Herr Weiß	Pfui Teufel!
Herr Schwarz	Pfui Teufel!

Sie spucken voreinander aus und gehen nach verschiedenen Seiten ab.

Die Schatten	Sie müssen lernen, miteinander zu leben, sonst werden sie aneinander sterben so wie wir!

Dunkel

Zwischenmusik

Fünfte Szene

Christoph | Hoango | Babekan | Französische Soldaten

Christophs Freunde haben das Haus im Kampf genommen, Die Szene erhellt
sich. Das Haus ist verwüstet. Im Wohnraum haben französische Soldaten Hoango und Babekan überwältigt und gefesselt. Sie sind im Begriff, die beiden an
einen Pfeiler zu binden. Im Schlafzimmer sitzt Christoph von seinen Fesseln
befreit, verstört und völlig apathisch auf seinem Bett.

Hoango   Die Rache heult über diesem Haus
       und schweigt nicht mehr,
       bis die goldene Hure tot ist,
       die, der ich mehr geglaubt habe als mir selbst;
       bis ihr kreolisches Fleisch
       endlich aufgehört hat zu atmen und zu verführen
       und zu lügen mit jeder Pore!

Babekan   So viele Quellen und Brunnen
       sind von Leichen vergiftet,
       von schwarzen und von weißen,
       aber ich bin vergiftet
       durch den abscheulichen Verrat
       meiner eigenen Tochter!
       Und nie kann ich vergessen,
       was sie getan hat
       gegen ihre Mutter!
       Niemals vergeß ich's,
       bis ich tot bin und fühllos
       gegen Liebe und Haß.

Hoango   Mit eigner Hand
       werf ich das faulige Fleisch
       der gemeinen Verräterin
       in den tiefsten Brunnen
       zu den andern,
       die schon gestorben sind,
       viel weniger schuldig als sie,
       diese elende Hure,
       die ich nur vergessen kann,
       wenn ich gerächt bin.

Christoph   *erwacht aus seiner Apathie*
                        Ich habe sie geliebt,
                        weißen Samen aus schwarzem Schoß,
                        und habe darüber vergessen,
                        daß Bastard Bastard bleibt.
                        Der Himmel,
                        gestern noch glühend,
                        ist heute schwarz wie ein Bahrtuch,
                        und die Luft,
                        gestern noch eine Erquickung,
                        ist jetzt verpestet für immer!

Hoango und Christoph
                        Die Rache heult über diesem Haus
                        und schweigt nicht mehr,
                        bis die goldene Hure tot ist,
                        wie die andern,
                        die schon gestorben sind,
                        um vieles weniger schuldig als sie.
                        Und dort unten soll doch dies faulige Fleisch
                        schreien, huren und lügen,
                        wenn es noch kann,
                        denn von dort unten
                        dringt kein Laut
                        zu uns Lebenden.

Babekan   Wirf sie doch zu den andern,
                        die schon gestorben sind,
                        viel weniger schuldig als sie,
                        diese elende Hure,
                        die ich erst vergessen kann,
                        wenn ich tot bin.

                        Christoph bricht schluchzend auf seinem Lager zusammen

Sechste Szene

Jeanne | Gottfried von Ried | Babekan | Hoango
zwei französische Soldaten | Christoph

Jeanne stürzt von draußen ins Haus und stößt auf dem Wege zu Christoph
auf Hoango und ihre Mutter.

Babekan	Elende Verräterin!

Jeanne
Ich habe euch nicht verraten!
Ich bin eine Weiße, wie er,
und ich liebe ihn,
ich liebe ihn, ich liebe ihn!

Hoango
in plötzlich wild ausbrechender Raserei
Kreolische Hure!

Gottfried von Ried *stürzt ins Haus*
Wo ist Christoph?

Jeanne
Dort oben!
*Gottfried von Ried eilt nach oben und findet Christoph wie
betäubt auf seinem Lager.*

Gottfried von Ried Du bist frei, Christoph!

*Er umarmt und küßt ihn. Christoph, halb im Bette aufge-
richtet, drückt ihm freundlich die Hand, im übrigen ist er still
und zerstreut. Statt die Pistolen, die sein Onkel ihm reicht,
zu ergreifen, hebt er die Rechte und streicht sich mit einem
unaussprechlichen Ausdruck von Gram damit über die Stirn.*

Was ist dir?

*Christoph umschließt Gottfried von Ried mit seinem Arm
und lehnt sich schweigend an seine Schulter.*

Jeanne
unten
Gib mir die Hand, Mutter!

Babekan Eher will ich tot sein!

Jeanne
Gib mir die Hand, Mutter!
und ich flehe auf den Knien um euer Leben!

Hoango Verräterin!

Gottfried von Ried Was hast Du?
Christoph!

Babekan und Hoango

Du sollst verflucht sein,
nicht anders als dein Vater,
der $\begin{cases} \text{deine Mutter,} \\ \text{mich,} \end{cases}$ verraten hat,
noch eh' du geboren warst.
Sei verflucht! Verflucht!

*Die Soldaten binden Hoango und Babekan von dem Pfosten
los und führen sie nach rückwärts ab. Jeanne wendet sich in
plötzlichen Tränen ab und geht zur Treppe. Auf dem Treppen-
absatz zögert sie und streckt noch einmal die Hand nach ihrer
Mutter aus.*

Siebte Szene

Jeanne / Christoph / Gottfried von Ried

Jeanne betritt das Schlafzimmer.

Christoph Dirne! Verräterin!

*Christoph hält sich, indem er aufsteht, als wollte er umsinken,
an seinem Onkel fest, und ehe dieser noch weiß, was er mit dem
Pistol, das er ihm aus der Hand nimmt, vorhat, drückt er
dasselbe, knirschend vor Wut, auf Jeanne ab.*

Gottfried von Ried Was tust du?

*Da Jeanne mit einem gebrochenen Laut des Schmerzes noch
einige Schritte gegen Christoph tut, schleudert er das Pistol
über sie und stößt sie mit dem Fuß von sich und wirft sich
wieder auf das Bett zurück. Gottfried von Ried bemüht sich
um Jeanne. Das Mädchen, das sich mit der Hand krampfhaft
die Wunde hält, schiebt ihn zur Seite und streckt ihren Arm
nach Christoph aus.*

Jeanne Sagt ihm...sagt ihm ...

Gottfried von Ried *zu Christoph*

Weißt du, daß dieses Mädchen deine Retterin ist,
und weißt du, daß sie dich liebt,
und alles, Heimat und Mutter,
für dich geopfert hat?

Gottfried von Ried	*schüttelt seinen Neffen und greift ihm in die Haare, da er unempfindlich und ohne auf ihn zu achten auf dem Bett liegt.*

Christoph, hörst du nicht?
Sie wollte mit dir nach Port au Prince.
Ach, warum nur hast du dies getan, Elender!
Warum, Christoph?

Christoph erhebt sich von dem Bett, wischt sich den Schweiß von der Stirn und betrachtet das Mädchen, bei dem Gottfried von Ried niederkniet.

Christoph Sie band mich, als ich schlief,
um mich Hoango zu überliefern!

Jeanne *streckt mit einem unbeschreiblichen Blick ihre Hand nach Christoph aus.*
Ach, dich, liebster Freund, band ich,
weil ich ...

Sie kann nicht weitersprechen und ihn auch mit der Hand nicht erreichen und fällt mit einer plötzlichen Erschlaffung der Kräfte wieder auf den Schoß Gottfried von Rieds zurück.

Christoph *indem er bei ihr niederkniet*
Weshalb?

Jeanne bemüht sich vergeblich zu sprechen

Gottfried von Ried Weil sie dich retten wollte,
weil kein anderes Mittel mehr war!
Sie hat uns gerufen
und ihr verdankst du dein Leben!

Christoph *legt die Hände vor sein Gesicht und spricht, ohne aufzusehen*
Ist das, was du gesagt hast, wahr?

Er legt die Arme um Jeanne und sieht ihr mit jammervoll zerrissenem Herzen ins Gesicht.

Jeanne Mein Liebster nimmt mich jetzt zu sich
für alle Zeit,
und unser Schiff nach Frankreich
liegt in Port au Prince für uns bereit.

Jeanne stirbt. Gottfried von Ried erhebt sich, tritt zurück und wendet sich ab.

Christoph Jeanne! Jeanne!
Hörst du mich nicht mehr?
Komm zurück, zurück!

ENDE